Rezepte

Eintragbuch

Rezept:

Zutaten:

Zubereitung:

Zubereitungszeit:

Passendes Getränk:

Notiz:

Wann sammelt man Wildkräuter?
Die günstigste Zeit zum Kräutersammeln ist der Frühling, denn die größte Heilkraft besitzt die Pflanze, wenn sie noch jung ist. Die Anstrengung, die sie für das Wachsen aufbringt, erhöht die Kraft, die sie an uns abgibt. Außerdem lösen sich bei jungen Pflanzen auch die Inhaltsstoffe leichter.

Rezept:

Zutaten:

Zubereitung:

Zubereitungszeit:

Passendes Getränk:

Rezept:

Zutaten:

Zubereitung:

Zubereitungszeit:

Passendes Getränk:

Rezept:

Zutaten:

Zubereitung:

Zubereitungszeit:

Passendes Getränk:

Rezept:

Zutaten:

Zubereitung:

Zubereitungszeit:

Passendes Getränk:

Rezept:

Zutaten:

Zubereitung:

Zubereitungszeit:

Passendes Getränk:

Notiz:

Um dich vor finstren Mächten zu schützen, so gebrauche des Morgens, vor Sonnenaufgang, folgendes Ritual: Brühe etwas der Morrighan's-Segen-Schutztee-Mischung auf, trinke diese und sprich folgende Worte:

„Gib mir Schutz in allen Lagen,
Kraft für alles, was da kommen mag!
Bin nun gewappnet zu ertragen
und bring mich sicher durch den Tag."

Rezept:

Zutaten:

Zubereitung:

Zubereitungszeit:

Passendes Getränk:

Rezept:

Zutaten:

Zubereitung:

Zubereitungszeit:

Passendes Getränk:

Rezept:

Zutaten:

Zubereitung:

Zubereitungszeit:

Passendes Getränk:

Rezept:

Zutaten:

Zubereitung:

Zubereitungszeit:

Passendes Getränk:

Rezept:

Zutaten:

Zubereitung:

Zubereitungszeit:

Passendes Getränk:

Rezept:

Zutaten:

Zubereitung:

Zubereitungszeit:

Passendes Getränk:

Rezept:

Zutaten:

Zubereitung:

Zubereitungszeit:

Passendes Getränk:

Rezept:

Zutaten:

Zubereitung:

Zubereitungszeit:

Passendes Getränk:

Rezept:

Zutaten:

Zubereitung:

Zubereitungszeit:

Passendes Getränk:

Rezept:

Zutaten:

Zubereitung:

Zubereitungszeit:

Passendes Getränk:

Notiz:

Meist haben Heilkräuter
die beste Wirkung, wenn
man sie roh zu sich nimmt.
Zum Beispiel als Salat,
wie Brunnenkresse und junger
Löwenzahn, als Gemüse wie
Brennnesseln, Salbei und
Holunderblüten.

Rezept:

Zutaten:

Zubereitung:

Zubereitungszeit:

Passendes Getränk:

Rezept:

Zutaten:

Zubereitung:

Zubereitungszeit:

Passendes Getränk:

Rezept:

Zutaten:

Zubereitung:

Zubereitungszeit:

Passendes Getränk:

Rezept:

Zutaten:

Zubereitung:

Zubereitungszeit:

Passendes Getränk:

Rezept:

Zutaten:

Zubereitung:

Zubereitungszeit:

Passendes Getränk:

Rezept:

Zutaten:

Zubereitung:

Zubereitungszeit:

Passendes Getränk:

Rezept:

Zutaten:

Zubereitung:

Zubereitungszeit:

Passendes Getränk:

Rezept:

Zutaten:

Zubereitung:

Zubereitungszeit:

Passendes Getränk:

Rezept:

Zutaten:

Zubereitung:

Zubereitungszeit:

Passendes Getränk:

Bist du von Leid und Schmerz
besessen, drei Unzen Glück
und Zuversicht.
Jede Zutat wohl bemessen,
vermische dies mit Leidverzicht.
Der Trank lässt jede
Pein vergessen, auf dass die
Seele nicht zerbricht.

Notiz:

Rezept:

Zutaten:

Zubereitung:

Zubereitungszeit:

Passendes Getränk:

Rezept:

Zutaten:

Zubereitung:

Zubereitungszeit:

Passendes Getränk:

Rezept:

Zutaten:

Zubereitung:

Zubereitungszeit:

Passendes Getränk:

Rezept:

Zutaten:

Zubereitung:

Zubereitungszeit:

Passendes Getränk:

Rezept:

Zutaten:

Zubereitung:

Zubereitungszeit:

Passendes Getränk:

Rezept:

Zutaten:

Zubereitung:

Zubereitungszeit:

Passendes Getränk:

Rezept:

Zutaten:

Zubereitung:

Zubereitungszeit:

Passendes Getränk:

Rezept:

Zutaten:

Zubereitung:

Zubereitungszeit:

Passendes Getränk:

Aus empfindlichen Kräutern empfiehlt es sich, einen Kaltauszug herzustellen. Dafür gibt man die Kräuter in kaltes Wasser und lässt sie über Nacht stehen. Am darauf folgenden Tag werden die Kräuter abgeseiht und evtl. mit frischem Wasser kurz aufgekocht (nicht die gewonnene Flüssigkeit des Kaltauszugs!), um so die restlichen Heilstoffe zu gewinnen.

Notiz:

Rezept:

Zutaten:

Zubereitung:

Zubereitungszeit:

Passendes Getränk:

Rezept:

Zutaten:

Zubereitung:

Zubereitungszeit:

Passendes Getränk:

Rezept:

Zutaten:

Zubereitung:

Zubereitungszeit:

Passendes Getränk:

Rezept:

Zutaten:

Zubereitung:

Zubereitungszeit:

Passendes Getränk:

Rezept:

Zutaten:

Zubereitung:

Zubereitungszeit:

Passendes Getränk:

Rezept:

Zutaten:

Zubereitung:

Zubereitungszeit:

Passendes Getränk:

Rezept:

Zutaten:

Zubereitung:

Zubereitungszeit:

Passendes Getränk:

Rezept:

Zutaten:

Zubereitung:

Zubereitungszeit:

Passendes Getränk:

Notiz:

Möchtest du deinem kranken Nächsten
heilende Kräfte zur Genesung senden,
so zünde eine Kerze an, denke fest
an jenen und sprich diese Worte:
„Krankheit und Schwäche sollen
weichen, Kraft und Heilung
send ich dir zu!
Brauchst heut noch nicht zu beichten,
Leid und Ungemach lässt dich in Ruh."

Rezept:

Zutaten:

Zubereitung:

Zubereitungszeit:

Passendes Getränk:

Rezept:

Zutaten:

Zubereitung:

Zubereitungszeit:

Passendes Getränk:

Rezept:

Zutaten:

Zubereitung:

Zubereitungszeit:

Passendes Getränk:

Rezept:

Zutaten:

Zubereitung:

Zubereitungszeit:

Passendes Getränk:

Rezept:

Zutaten:

Zubereitung:

Zubereitungszeit:

Passendes Getränk:

Rezept:

Zutaten:

Zubereitung:

Zubereitungszeit:

Passendes Getränk:

Notiz:

So koche nun den süßen Brei,
mit Honig, Mandeln,
Rosenblättern und
süßen Früchten allerlei,
den Liebestropfen – davon drei.
Liebesspeise süß und fein,
bald wird er der meine sein!

Rezept:

Zutaten:

Zubereitung:

Zubereitungszeit:

Passendes Getränk:

Rezept:

Zutaten:

Zubereitung:

Zubereitungszeit:

Passendes Getränk:

Rezept:

Zutaten:

Zubereitung:

Zubereitungszeit:

Passendes Getränk:

Rezept:

Zutaten:

Zubereitung:

Zubereitungszeit:

Passendes Getränk:

Rezept:

Zutaten:

Zubereitung:

Zubereitungszeit:

Passendes Getränk:

Rezept:

Zutaten:

Zubereitung:

Zubereitungszeit:

Passendes Getränk:

Rezept:

Zutaten:

Zubereitung:

Zubereitungszeit:

Passendes Getränk:

Rezept:

Zutaten:

Zubereitung:

Zubereitungszeit:

Passendes Getränk:

Rezept:

Zutaten:

Zubereitung:

Zubereitungszeit:

Passendes Getränk:

Rezept:

Zutaten:

Zubereitung:

Zubereitungszeit:

Passendes Getränk:

Magie der Farben

Rot – Sie ist die Farbe der Liebe, bedeutet gleichzeitig auch Leidenschaft, Aggressionen und Verwundbarkeit.

Blau – ist die Farbe des Erfolgs.

Grün – steht für Hoffnung, ein langes Leben und materiellen Besitz.

Gelb – symbolisiert Wohlbefinden und Fülle.

Schwarz – ist die Farbe des Schutzes.

Weiß – steht für Reinheit und Unschuld.

Notiz:

Rezept:

Zutaten:

Zubereitung:

Zubereitungszeit:

Passendes Getränk:

Rezept:

Zutaten:

Zubereitung:

Zubereitungszeit:

Passendes Getränk:

Rezept:

Zutaten:

Zubereitung:

Zubereitungszeit:

Passendes Getränk:

Rezept:

Zutaten:

Zubereitung:

Zubereitungszeit:

Passendes Getränk:

Rezept:

Zutaten:

Zubereitung:

Zubereitungszeit:

Passendes Getränk:

Rezept:

Zutaten:

Zubereitung:

Zubereitungszeit:

Passendes Getränk:

Notiz:

Eine besondere Pflanze und ein hervorragendes Blutreinigungsmittel ist die Brennnessel. Sie hat aber ihren eigenen zeitlichen Rhythmus, das heißt, ihre Blätter sollten nicht zum selben empfohlenen Zeitpunkt gesammelt werden wie die der übrigen Heilpflanzen.

Merke: Brennnesselblätter ausschließlich bei abnehmendem Mond sammeln. Brennnesseltee sollte auch nur bei abnehmendem Mond getrunken werden!

Rezept:

Zutaten:

Zubereitung:

Zubereitungszeit:

Passendes Getränk:

Rezept:

Zutaten:

Zubereitung:

Zubereitungszeit:

Passendes Getränk:

Rezept:

Zutaten:

Zubereitung:

Zubereitungszeit:

Passendes Getränk:

Rezept:

Zutaten:

Zubereitung:

Zubereitungszeit:

Passendes Getränk:

Rezept:

Zutaten:

Zubereitung:

Zubereitungszeit:

Passendes Getränk:

Rezept:

Zutaten:

Zubereitung:

Zubereitungszeit:

Passendes Getränk:

Rezept:

Zutaten:

Zubereitung:

Zubereitungszeit:

Passendes Getränk:

Rezept:

Zutaten:

Zubereitung:

Zubereitungszeit:

Passendes Getränk:

Notiz:

Soll deine Angebetete oder dein Angebeteter sich dir zuwenden, so mische beim Zubereiten der Speise oder des Tranks etwas deines Speichels dazu und sprich die folgenden Worte:

„Auf dass die größte Liebe
du mir schenkst und
keine andre Liebe kennst."

Schon nach einem Biss oder einem Schluck wird der Liebeszauber entfacht!

Impressum

Viele weitere Informationen findest du auf unserer Facebook-Fanpage: www.facebook.com/otusverlag

Konzeption und Illustrationen: Eckhard Freytag
Layout und Satz: Bärbel Bach

ISBN: 978-3-03793-476-0